RAIO

EUCANAÃ FERRAZ

Raio
Poemas

Copyright © 2023 by Eucanaã Ferraz

Grafia atualizada segundo o Acordo Ortográfico da Língua Portuguesa de 1990, que entrou em vigor no Brasil em 2009.

Capa
Kiko Farkas/ Máquina Estúdio

Preparação
Silvia Massimini Felix

Revisão
Camila Saraiva
Marina Nogueira

Dados Internacionais de Catalogação na Publicação (CIP)
(Câmara Brasileira do Livro, SP, Brasil)

Ferraz, Eucanaã
　　Raio : poemas / Eucanaã Ferraz. — 1ª ed. — São Paulo : Companhia das Letras, 2023.

　ISBN 978-65-5921-517-1

　　1. Poesia brasileira I. Título.

23-146747　　　　　　　　　　　　　　　CDD-B869.1

Índice para catálogo sistemático:
1. Poesia : Literatura brasileira　B869.1

Tábata Alves da Silva – Bibliotecária – CRB-8/9253-0

Todos os direitos desta edição reservados à
EDITORA SCHWARCZ S.A.
Rua Bandeira Paulista, 702, cj. 32
04532-002 — São Paulo — SP
Telefone: (11) 3707-3500
www.companhiadasletras.com.br
www.blogdacompanhia.com.br
facebook.com/companhiadasletras
instagram.com/companhiadasletras
twitter.com/cialetras

Sumário

Telescópio, 9
Eu sou, 10
Na feira, 11
Qual?, 15
Estudo, 16
Talvez fábula, 17
Joalheria, 18
Bendito, 19
Sarabanda, 20
Cantata, 21
Filho, 23
Aldebarã, 24
Da matéria, 25
O xamã, 26
Barcarola, 29
A besta, 30
Os sábios, 33
História natural, 35
Raio, 36
Carioca, 37
Jardim, 40
Senha, 41
Meu caro Jorge, 42
Vivo, 43

O nadador — Gastão Cruz na praia de Faro, 44
G. C., 47
Na casa de Ferreira Gullar, 48
Notícias de C. M., 49
Monumento, 51
Canção do cavaleiro, 52
Risco, 54
Madrigal, 55
João, 56
Blue, 58
Sonho americano, 59
Canção antiga para Yoko Ono, 60
Amigos de Hemingway, 64
Uma volta, 65
Muito mais, 66
Graça você, 67
O beijo, 68
Truque, 69
Lições de economia, 70
Desilusão ilusão, 72
Se mudou, 73
Perfil de Murilo Mendes, 74
Perfil de Jacques Prévert, 76
Hóspede, 77
Copan, 78
Estranho, 80
Escarpas, 81
O um, 82
Veja só, 83
Aqui vão, 84

Dédalo, 85
Gesto, 86
A catedral submersa, 87
Exatidão, 89

Do autor, 91

Telescópio

As fotografias eram em preto e branco. Os filmes eram em preto e branco. A televisão era em preto e branco. As geladeiras eram brancas e os telefones eram pretos. Lá longe o azul da Prússia. Na escola o disco de Newton ensinava as leis da luz mas tudo o que aprendíamos era o mundo que girava depois do muro. Amei à primeira vista as estrelas amarelas na bandeira de Cabo Verde. Nomes assim: lápis-lazúli. Coisas espantosas como o rio Negro e o mar Vermelho. Ai flores do verde pinho — onde perdi meu amigo?

Eu sou

Esta romã não a colhi do pé como fazia no quintal da casa antiga. Eu a comprei no mercado simplesmente. Mas aberta sobre a mesa da cozinha — como dizer? — mostra nos cristais sanguíneos a Grécia arcaica e mais dentro ainda a Síria se dispersa em mel. Em dunas. A voz de minha mãe acende o fogo e nesse instante pombos despontam nas ruínas onde um menino sonha o próprio nome e perde nos seus dedos finos a terra que lhe prometeram: águas do Jordão colinas de Golã alianças alfabetos. Tudo se baralha. O vinho verte das espigas e o pão irrompe das palmeiras. A erva brota dos tapetes enquanto o sol procura a lua entre cortinas. Esta romã não a colhi num sonho — mas aberta sobre a mesa da cozinha dela fresco jorra o sumo de janeiros redivivos.

Na feira

A feira de sempre
o sempre de sempre.

Foi quando sem mais
na banca de peixes
o peixe me olhava.

A prata parada
as guelras imóveis
no entanto — me olhava.

A pupila negra
a córnea brilhante
me olhava perplexo
embora parado
como se pedisse
uma explicação:

O que faço aqui?
Onde estão as águas?
Os corais morreram?
Por que de repente
me perdi de tudo?
Por que sem aviso
me tornei a pedra
que de longe eu via?

Aonde foi a duna?
Onde estou agora?
O que são vocês?

Desviei o olho:
camarões vermelhos
de laca brilhante
polvos moles roxos
ostras caranguejos
a maré quebrando
seus perfumes podres
contra a tarde estúpida
no balcão de aço.

Retornei a ele
o peixe me olhava
seu olhar vidrado
seu cristal atônito.

O peixe me olhava
como se indagasse
(numa língua muda
numa língua olho
numa língua enigma)
a razão de tudo
ou como se desse
(logo a mim? por quê?)
um recado urgente
(para quem? e qual?).

Mal entendo a língua
com que os homens falam
(finjo digo calo)
como entenderia
o que diz um peixe
na banca de peixes
da feira de sempre?

As escamas postas
tão perfeitamente
o olho tão redondo
tão redondamente
e a boca e os dentes
tudo executado
em conformidade
com a matemática
das inumeráveis
mil cosmogonias
que — talvez por erro
sim — elaboraram
nossa vida inteira
e eu estar aqui
nesta feira — vivo.

Me aproximei — mudo —
sem respirar — quase —
do olho que me olhava
que me olhava fixo
que me olhava — vivo? —
de dentro da morte

como de uma fresta
e lhe perguntei:
quanto tempo resta?

(O sol bateu cego
no dorso da lâmina
e a adaga desceu
na carne do mundo.)

Qual?

O fato é que lhe profetizaram a certa altura: dizei uma só palavra e sereis salvo (ou isso ou alguma coisa parecida). Mas qual palavra? Onde estaria? Passou a procurá-la. Desmontou sete cidades à procura. Queimou os dedos da mão à procura. Quebrou os dedos dos pés à procura. Atirou seus cabelos aos cães. Queimou aviões. Desmontou os esqueletos da sagrada família. Comeu o coração de sua mãe. E nada. O peixe a segue? O gato a vê? Enlouqueceu. E nada. Ficou diabolicamente lúcido e de nada serviu. Sete dias insones. Sete dias de sono e nenhum sonho lhe disse. Levantou da cama cético místico homem-rã — inútil. Roubou. Traiu. Nada. Línguas mortas. Nada. Guias de viagem à filosofia. Nada. Canções no rádio. Nada. Roeu — em vão — as unhas de todos os relógios. Qual palavra? Onde? Procurou por toda a vida. Até que veio o fogo e queimou o dito e o não dito. O fogo queimou tudo. Só não queimou a pedra.

Estudo

Seria amarelo se eu o dissesse amarelo? Mais amarelo se eu o chamasse açafrão? Teria o tom de certo batom se eu o dissesse purpúreo? Seria ridículo usar a palavra purpúreo? E se eu o chamasse mercúrio? Seria cor de canela se eu o fizesse alazão? Seria lápis-lazúli se eu o pusesse na Prússia? Seria doce e negro à noite? Seria um melro se o mel que o dissesse fosse inteiro carvão? Seria cego se eu não lhe reclamasse os olhos? Seria um sonho se eu lhe comesse os rins? Se eu simplesmente não o invocasse ele não existiria? Tempo perdido (você diria). Seria um cão se eu lhe chamasse cão? Por quanto tempo cão permaneceria? Se eu o matasse ele morreria? Voltaria como fantasma se eu o matasse? Eu poderia vê-lo no fantasmoscópio? Era eu quem morreria se o matasse? Será invisível se eu não quiser vê-lo? Poderei vê-lo sem lhe dizer o nome? Poderei dizê-lo sem saber que nome tem? Teria o meu rosto se eu o visse à luz da lupa? Será uma ilusão que inventei no diorama? Está mais à vista durante o dia? Ver-se-ia mais à vista se eu usasse a palavra eclipse? Estaria mais evidente se eu seguisse a lógica dos fatos? Dizê-lo tão repetido o tornará óbvio? Seria do meu tamanho se eu fizesse um cálculo? Passaria nesta porta? Passaria pela lei? Seria um engano se eu o desmentisse? Se ele me desmentisse eu viraria pó? Seria verde se eu o dissesse azul? Seria o contrário de tudo o que eu dissesse? Dissesse eu que o tudo de contrário o seria? Ainda assim? E talvez por isso? Ou nem? Seria o silêncio depois que eu dissesse *et cetera*?

Talvez fábula

O Eduardo acaba de me contar a história do rato que ele matou com precisas e higiênicas orientações do porteiro de seu prédio. Acabo de encontrar no livro de poemas do José Tolentino Mendonça um poema sobre ratos e creio que a coincidência quer me dizer algo. Tento ouvir o que me diz a coincidência. Não ouço nada. Quererá me dizer que ando surdo ao que diz o acaso? Ouvi esses e outros casos de ratos com imenso desgosto de mim e dos motivos pelos quais devemos matar os ratos. Lembrei dos terraços arruinados da infância. Pensei no cheiro dos mendigos e dos soldados. E tive pena de usar tão pouco todo o amor e todo o perdão que nos foram entregues no início.

Joalheria

Nem é verdade que os anéis se vão
e os dedos ficam.

Museus barracas de quinquilharias
antiquários estão abarrotados de anéis

sem dedos nenhuns — foram-se os dedos.
Dedos custam caro — mas não duram muito.

Foram-se as luvas — vazias.
Ficou o nome — porta-luvas.

Os dedos dão adeus
e sobram estes aros

brilhando
sem ninguém e sem remorsos.

Bendito

Não toquem neste prato:
esta comida é dos mortos.
Deixem dormir este prato
em aparente abandono.
Esta comida tem dono.
Nela não toque outra boca
que não a boca dos mortos
eles virão de longe os mortos
virão com fome.
Deixem o tempo parado
a luz apagada o tempo no escuro
deixem que a hora apodreça
em torno da mesa posta.
Não toquem nesta comida fria.
Este banquete tem dono.
Não toquem neste segredo.
Que os mortos comam em paz.

Sarabanda

Rompe a cerração. O afogado não tem nome e se resume à dança que dança desdobrado em lenta coreografia. Por onde ele passa as formas se dissolvem e seguindo os gestos que faz os tempos se movem para trás. Diz a parábola que o homem rico sem nada que não fosse o bem guardado das coisas terrenas — esquecido das coisas do espírito — encheu salas e salas de riquezas. Porém na noite em que a noite veio lhe pedir a alma nada tinha para dar. Quanto a mim — tenho o afogado.

Cantata

Estranha sereia
o canto que escuto
na praia deserta
é canto de um moço
que as ondas levantam
que o vento desfaz.

O canto se espalha
é voz de um rapaz
o canto que escuto
vem lá do mar alto
anil de outro mundo
— é tudo mentira?
menino de areia
— é tudo real?

Se o canto que escuto
é canto de um rei
as dunas que dançam
serão seus cavalos?
Serei seu castelo?
A brisa nas palmas
não sabe não sei.

Mergulho no fundo
não acho cabelos
nem sequer um búzio
que repita a voz
agora calada
e as algas são tristes
o sol não existe
as pedras são nada
(nem me esperam barcos
quando volto à praia
surdo e sem meus braços).

Filho

Os dias têm longas cabeleiras que crescem ainda
depois de degolados.

Errei como qualquer vagabundo
até que exausto e velho cheguei a maio.

Foi então que vi sem espanto
no centro azul-turquesa de seu pátio — eu

sem nem um traço de cansaço — eu
jovem como no passado vertical como no passado

e como estava nu e como estava descalço
parecia um bicho

de sua própria liberdade coroado.

Aldebarã

Pertenço a maio. Foi dele que vim.
Para ele caminho mesmo que qualquer dia
e toda hora sejam tempos de ir embora
mas é de maio que sou. Caminho dentro
de seus olhos. Trago na testa o risco de sua estrela

e de seu escuro. Fosse um rio o calendário
eu diria que a maio se amarrou a vela
que me trouxe e nunca sai de seu rumo — que desconheço.
A foz vista daqui parece igual ao começo.
Pertenço a maio. Foi dele que vim.

Da matéria

Viemos do barro
o amor não é senão barro em nossos dedos
ansiosos por moldá-lo meticulosos na execução de técnicas
remotas conquistadas ao pé do fogo e dos mitos.

Barro o amor
em nossas mãos trêmulas enquanto ânforas perfeitas
como um verso de Virgílio se partem no chão e choramos
sobre o ladrilho.

Estas mãos por exemplo: vazias
sujas da sova cortadas de frio.

O xamã

para Davi Kopenawa

Não acordeis o ouro
deixai que durmam
em seu porto profundo
o ouro e seus touros.

Não acordeis o escuro
deixai que durmam
em seu golfo misterioso
o ouro e seu fogo.

Deixai em seu porão
o ouro em sonho monstruoso
o ouro e seus assombros
o ouro e seus tambores.

Preservai silencioso o bosque
inóspito que sonha o rosto
secreto da morte na ostra
em sonho.

Cuidai que durmam o desgosto
a dor imóvel deixai
em sono o que descansa
no horto oculto.

Não acordeis o sorvedouro
não acordeis o que vos cobrará
em desgosto sem retorno
o repouso roubado.

Não desperteis do ouro
o polvo que quebrará em oitocentos
pedaços vosso pescoço
e vosso pulso.

Não tireis de seu trono o ouro
e suas esposas
que descansam em perfeita
fome e abandono.

Não acordeis no ouro o ódio
pois moeda nenhuma pagará
o imposto de vosso remorso
a flor de vossos tumores.

Deixai em silêncio o ouro
deixai em repouso sua alcova
antiquíssima no centro da terra
no antes do ovo.

Não acordeis a raposa
que dorme no outono
o maremoto que dorme
no fósforo e no osso.

Deixai em sossego o que apodrece
deixai em paz o que não vos pertence
deixemos em ouro
o ouro.

Barcarola

Dei à cadeira o nome de ovo. Dei a Saturno o nome de brisa. À bandeira nacional dei o nome de estrume. A garrafa passou a se chamar escarpa. Pelo gosto do som fiz o mesmo com a lâmpada que passou a se chamar piano e à pedra chamei cédula. Chamei de chumbo a camélia. Chamei de écloga a ênclise. Chamei de nuvem o esterco. De pão a estricnina. O jogo de pingue-pongue passou a se chamar navalha e a salada de batatas passou a se chamar pingue-pongue. Depois de clamar inutilmente pelo violino que dormira agarrado a uma garrafa de gim as pérolas enfim reencontraram a caneta-tinteiro que se havia perdido com as agulhas no palheiro. O que é que dá muitas voltas e não sai do lugar? — o dicionário. O que é que quanto mais se tira mais aumenta? — a dúvida. Chamei de abelha o cupim. À chaleira dei o nome de aurora. Relógio renomeei assim: melro — e ele canta mais bonito agora. Tudo fez sentido (sentido passou a se chamar ferrugem). As coisas receberam bem os seus novos nomes não porque do nome dado não se olhe os dentes — mas porque ao ser dito pela primeira vez o nome se faz dentes ele mesmo e rasga na paisagem uma fonte repentina.

A besta

Escute bem esse caso
(espero saber contar)
que se teria passado
pros lados de Cabo Frio.
Era um rapaz que amarrou
a sua égua em frente a casa
dizendo à mãe tais palavras
(farei da minha suas vozes):
"Hoje vou sair a pé
não demoro quase nada
deixe a égua onde ela está:
deixe ela aí amarrada".
Mas as horas se passavam
o rapaz se demorava
e a égua no sol com sede.
A mãe então consternada
soltou o pobre animal
que desabaladamente
correu para um rio próximo
a fim de matar a sede.
O rapaz voltou bem tarde
achou a mãe desolada:
a égua tinha sumido
e era já de madrugada.
O rapaz enlouqueceu

e disse à mãe sem demora:
"Tem um baile na cidade
vou montado na senhora".
O filho maldito então
pôs na mãe arreio e sela
e quando a pobre implorava
ele mais batia nela.
A mãe depois dos maus-tratos
foi ao chão: agonizava.
Mas daí vociferou
ao filho por entre lágrimas:
"Hás de rodar pelo mundo
sem ninguém por amizade
deserto será teu pasto
onde só vingue a catástrofe
tudo em volta será peso
mesmo o sol será de chumbo
os rumos serão nenhuns
entre teus passos confusos
implorarás o sustento
sem que te deem um grão
diante da tua sede
toda fonte dirá não
hás de rolar e rodar
no chão sem fim do abandono
é o que te rogo meu filho
meu filho que eu amei tanto".
Diz que desde aquele dia
o rapaz rolou rodou ralou
pelo mundo mas agora

transformado numa besta
um bicho estranho e tristonho
mas que até parece um burro
na figura de um cachorro
debaixo do céu escuro.
E ele chama pela mãe
e ele chora pela mãe
sem descanso nem consolo
pelas matas pelas dunas
nas bandas de Cabo Frio.
Dá dó dá medo arrepia
ouvir o zurro a voz fria
do filho amaldiçoado.

Os sábios

I
Convidado
para ouvir um homem que imitava perfeitamente o rouxinol
redarguiu:

— Para quê? Eu já ouvi o rouxinol.

II
Convidado
para ouvir um homem que imitava perfeitamente o rouxinol
elucidou:

— Eu já ouvi o rouxinol. Por isso quero ouvir o homem que
[imita o rouxinol.

III
Diante do convite
para ouvir um homem que imitava perfeitamente o rouxinol
se entusiasmou:

— Nunca ouvi o rouxinol!

IV
Recusou o convite.
Para ouvir um homem que imita perfeitamente o rouxinol?
Emendou:

— Também eu imito o rouxinol.

V
Convidado para ouvir um homem etc.
submeteu o convite
a tal exame:

— Ele voa?

História natural

O nome que se dá à afeição exagerada às aves. O nome do desejo de ter asas. O nome da pessoa que fala mais de uma língua. O nome que se dá à pessoa que não fala nenhuma língua. O nome que se dá à pessoa que decepou a própria língua. O nome do hábito ou vício de roer unhas. O nome que se dá ao hábito de sonhar que se voa. O nome que se dá à mania de roer o nome. O nome da fobia de estar vivo. O nome que se dá à doença de não sonhar. O nome do tipo de respiração dos peixes. O nome que se dá à falta de ar que mata o peixe. Nome que se dá à língua que decepa o hábito.

Raio

Claraboia repentina. Tremeluzem os telhados. Atalhos e
caminhos acanhados viram avenidas rasgando cidades.
Pequeninas pontes do breu ao breu parecem pulseiras
chamejantes nos braços de um sonâmbulo arrancado de um
mistério para outro. Da folha à floresta do seixo à montanha
as coisas vêm à tona. Os cabelos fosforejam. O ar se eletriza.
Os dragões existem e sacodem suas crinas pelas plantações.
As cristas das igrejas se eriçam e longe os pátios das fábricas
cintilam como capoeiras recém-abertas. A luz apressada
modela os perfis dos bois — mas o vitral logo se estilhaça
e a sombra come outra vez o mundo. Se chegássemos
a dizer uma só palavra no tempo do raio poderíamos
ver as sílabas riscadas nítidas no espaço.

Carioca

Sal

O Pão de Açúcar era muito antigo
quando nele puseram olhos os primeiros tupinambás
e se espantaram. Muitas luas depois vieram as espingardas
que falavam línguas afastadas.
Os sangues dos marinheiros e das baleias
se diluíram na água da baía
mas o morro do Castelo continua lá
assombrando o futuro.

Sermão

Cardumes deslizavam alheios ao apóstolo
que lhes pregava sobre os milagres
de Nossa Senhora de Copacabana
enquanto ali perto outro homem pescava
para matar sua fome. Navio que vem
navio que vai. Quem podia comprar peixes
dava graças ao dinheiro.

Sol

Não se vê a linha das montanhas
nos dias de verão não se vê senão o sol
a exigir favores e vantagens.
Ameaça: fazer arder a própria água.
Diante da chantagem
entregamos ao fogo os nossos olhos.
Só em maio a luz é suportável.

Som

O zumbido das cigarras é tristíssimo
em certos sítios é mais triste ainda na Penha
por exemplo — mas lá Nossa Senhora
mora no alto do penhasco livre de ouvir
o metal que às seis horas se derrama
pelos ouvidos indo envenenar de melancolia
o sagrado coração dos filhos de Maria.

Céu

O gavião majestático vem de manhã
pousa no parapeito da janela bate
inquieto o bico no vidro
se equivocando que seja um outro
igual a ele o seu reflexo. A tarde
sobrevém numa revoada verde
nervosa de maritacas. Na noite
voam sirenes e tiros.

Sim

Janeiro parecia não ter fim. Porém
alguma tarde fresca de março se antecipando
acenava — era o que parecia — sua bandeirola
no areal do outro lado do calendário.
Fugimos rápido para lá — éramos dois golfinhos.
Mas quando chegamos era sempre janeiro.

Jardim

Tarde esmeralda em cujo centro mal se move redonda e calma a água. Um bem-te-vi vem e pousa nos cabelos da eternidade. A eternidade é uma velha carcomida estátua que nada vê. Também são verdes os olhos de Laura e as gotas de berilo que Graça traz nas orelhas enquanto o sol dança em pedaços num ritmo bem marcado por grandes flores vermelhas. A gente pode ver o vento em modos de menino entre colunas brincando no bambuzal que apruma fogos fitas flautas extremas que vão caçar no extremo o alísio. Bambus parecem cavalos que o metro arremessa para o alto em crinas que nunca se quebram: potros de impossível montaria porque feitos só de patas. É provável que as nuvens tenham dito ao leste algo importante porque o besouro o sapo a saracura tomam providências de acordo com seus ritmos e suas réguas nunca erram. Vistas daqui as bromélias lembram filósofos felizes. A folhagem pondera as mínimas variações do tempo à medida que formigas e abelhas labutam e lagartos engordam. A figueira é mais antiga do que todo o resto à sua roda e na tarde abafada a sombra de seus galhos faz uma nascente. A pedra grande do horizonte desabrocha. O bem-te-vi — veja só — veio e bebeu nossos olhos.

Senha

Sentado sobre a pedra
o menino não tem pressa parece
que espera o vento que por ora mal se pressente
no horizonte parado.

Parece que pode ver a hora
como se a hora viesse no vento.
Parece que espera alguém que lá vem
alguém que parecia perdido

mas que não se perdeu.

Meu caro Jorge

Janeiro no Rio é verde-jade como se as coisas voltassem à fonte — como se os dias ardessem janeiros para sempre — e a sede saciássemos em verde-água. Março faz a luz mais seca e seus gravetos verde-negros riscam as pedras como se fosse pele o granito. Os ombros altos de junho trazem o frio mas junto vem um grão de sal que conforta. A rima estragou o mês de agosto que não é mais desgostoso nem menos verde que os outros. A cada tempo o seu berilo e o seu estrago. Mas nada me alegra mais meu caro Jorge que o tom garço do Rio em maio com seu capim verde-gaio miudinho cobrindo auriverde o pendão de minha terra feito de esmeraldas esfaceladas. Em outubro há sempre uma garça que passa apressada para fazer ninhos em dezembro.

Vivo

Mais que triste — *triste* que te tenhas retirado. Que tenhas desaparecido. Que o tenham levado para longe de nós os teus amigos. Que tenham tirado de ti os livros dos teus amigos Eugénio Carlos Herberto Sophia Ruy Belo e em nós é como se tivessem levado contigo — sem que tenhas podido resistir a isso — o verão que não podes gozar estando vivo. Mas os teus versos andam cá comigo. Teus versos livres nos fazem companhia do lado de fora do teu desaparecimento e de tal modo vivas e certas estão as palavras de *Crateras Óxido Outro nome As aves Existência A moeda do tempo* que nelas não se apaga o sol que trazem dentro invioláveis a qualquer sequestro.

Set. 2020-fev. 2022

O nadador — Gastão Cruz na praia de Faro

4 ago. 2014

Querido Euc.

Estou, há uma semana, na praia de Faro, onde o Verão tem sido esquivo. Nos primeiros dias, um pouco frio mesmo. Agora há sol e o céu está sem nuvens, mas anda por aí algum vento, geralmente à tarde.

G. C.

Posso ver daqui pernas e braços — batem alternados cortam ora o ar ora a água sucessivamente e assim o corpo sobretudo o sopro que o preenche empurra o tempo para a frente numa esteira que o corpo conquista e já no instante seguinte abandona em fuga flui. Vejo daqui o braço que se eleva para em seguida mergulhar enquanto o rosto se vira e respira.

Mas neste segundo — em que o braço se alça no ar e antes que seu gume volte à água — o nadador tem a impressão de que uma voz o chama mas não é certo que uma voz o chame pelo menos não pelo seu nome ou o chama pelo nome de ninguém pois naquele arco mínimo de espaço-tempo não cabe mais que uma sílaba — posso ouvi-la — vem na luz se espalha sobre a água queima de leve a pele o braço a mão que toca o ponto mais alto do azul. A voz vem daquele lado é provável que regresse de um barco vazio ancorado na água parada do passado quando na casa a noite nascia lentamente nos seus dedos adolescentes e as candeias cresciam secretas do seu sexo. Já não era este o verão mas todos os verões resumidos no fulgor que erra pelas ondas como a tarde se alastrava pela sala pelos quartos até que a casa — madrepérola — se desfez — areia no vento contra a escarpa invisível mas palpável como as coisas visíveis projetadas no desejo. Na preamar não há passado nem futuro apenas esse rasgo.

Antes que o braço erguido no ar volte a afundar no desenho que se abriu o nadador ainda pode ver em bando aves lentamente a atravessar o quadro. Não sei quanto dura o tempo em que um braço se retesa no estômago da água e o outro arqueia no ar — mas sei que se o gesto não se desfizer urgente o homem inteiro afundará e terei de me afogar com ele ao vê-lo. Foi a voz da morte a voz ouvida naquela estranha língua azul-celeste? O nadador não terá tempo para traduzi-la porque seu braço erguido logo baixará na água pela contínua coreografia que o corpo faz de cor. Não sei quanto dura o intervalo entre uma braçada e outra — mas o gesto permanece inconcluso e tenho tempo para dizer ao nadador (sem que ele ouça): aquela voz não foi quem sabe a morte mas a própria explicação da sua vida. Ainda assim o nadador não pode atendê-la agora — como se atende alguém ao telefone — porque o braço nesse exato instante:

submerge e o outro se levanta e o rosto passa por dentro da água e volta veloz para o outro lado em movimentos precisos e sincronizados.

Toda palavra qualquer nome mesmo o verso que o poeta vier a escrever um dia terão de esperar que o nadador saia do seu sonho porque é sempre sonho — sobretudo o sopro que o preenche — o que se vive. Mesmo nesta praia que a presença corta.

G. C.

Ouço perfeitamente o eco
(está nos versos)
livre da voz que o fez enquanto longe
do fogo em que vibrava a tua mão
a tua mão transporta a minha vida
em silêncio para dentro da casa
escrita sobre a água.

Na casa de Ferreira Gullar

É um bicho da Lygia Clark observou sem embaraço — bem-humorado — por eu ter topado com. Estava no chão — no canto — e com algum espanto vejo a coisa que mordeu meus calcanhares mais ou menos como um ritmo — no canto — vem ao verso e por instinto reagimos: arremessamos a coisa para fora com força como um bicho atrapalhasse nosso passo mas acontece também de a sílaba repentina ferir a língua e aceitarmos de bom grado que ali se dobre a frase. Num caso e no outro é assim que se dá: gato gambá tatu seres assim sem aviso se movem em dobradiças e esbarramos no que não vemos. Instante mais bonito este: quando o olho não funciona como se espera.

Notícias de C. M.

Os elefantes negros me trouxeram
notícias muito antigas de Cecília.
Mais negros de cansaço que de chumbo
os elefantes negros caminharam
por matos bravos pedras e paludes
em mapas apagados e confusos.
Os elefantes negros exauridos
de tanto itinerário e da notícia
(que em linhas muito breves lhes pesava)
sentaram ofegantes no sofá
ligeiramente irônicos e doces
à espera de que eu lesse o que traziam:
notícias muito antigas de Cecília.
Com *ohs* de espanto — no silêncio — li.
Os dentes da imaginação injusta
e os da memória já com pouco fio
meu coração mordiam molemente
como cavalos remexendo o freio.
Estavam mesmo muito confortáveis
os elefantes negros no sofá
como os avós antigos nas cadeiras
das salas de balanço das visitas.
Tão leves engraçados elegantes
tornaram a partir os elefantes
nem antes nem depois no tempo certo

dos muitos remetentes e destinos.
Notícias de Cecília muito antigas
os negros elefantes me trouxeram.
Eram dois? Eram três? Como esqueci?
Faz muito tempo — é tudo que me lembro.

Monumento

Nada pode o leão contra a pedra em que está esculpido.
De nada servem as garras e seus olhos — em nada — fixos.
Ser impassível é seu estilo — como se a quinta constelação do
zodíaco descansasse para sempre no granito — ser impossível
é sua estrela. Em pedra o leão permanece do lado de fora de
seu destino e nada pode contra sua vida reduzida a símbolo.
Assim será até que nos tempos a pedra se esfarele e ele se
liberte de ser a imagem de sua imagem sequestrada.

Canção do cavaleiro

Mandei selar meu cavalo
feito de sombra e de vento
exato para o deserto —
se lá houvesse uma estrada
que fosse dar no poema.

Mandei selar meu cavalo
marinho talhado em água
na forma justa do aquário
onde os poemas cintilam —
mas longe de nossos olhos.

Na meia-noite às escuras
mandei selar meu cavalo
com labaredas altíssimas —
os poemas (há quem diga)
são de ferro e não se curvam.

Mandei selar meu cavalo
de barro de pau e corda
frágil pequeno ridículo —
esperançoso que um verso
por ele se enternecesse.

Em branco e papel — mais nada —
mandei selar meu cavalo
na medida do silêncio
com que esperar pelo tempo.
Meu cavalo não existe.

Risco

Mal começo a esboçar este poema
que às três horas da madrugada insiste em ser escrito
penso na fábula da garça (existirá tal fábula?)

que arranca da garganta do lobo fatal um espinho

e de relance pressinto que o poema — este —
que risco para salvá-lo de não ter existido
há de me matar com seu destino.

Madrigal

Me lembram lobos os seus cabelos
dentro das noites entre meus dedos
por entre as minhas lobos em bando
as suas pernas me lembram lobos
seus olhos negros por onde passam
cantando nuas dentro do escuro
luas em bando caindo inteiras
por onde eu passe caindo inteiras
luas em bando dentro do escuro
cantando nuas por onde passam
seus olhos negros me lembram lobos
as suas pernas lobos em bando
por entre as minhas entre meus dedos
nas noites dentro dos meus cabelos
os seus cabelos me lembram lobos.

João

Quando estou dormindo
aonde vai a voz?
Livre do meu canto
aonde vai a voz?
Que sonhos consulta?
Que ecos encontra
na caixa vazia
de seu desamparo?
Que cantos não canta
isenta de mim?
Quando prego os olhos
minha voz se espalha
e no meu silêncio
sua liberdade
finalmente brilha.
Aonde vai a voz
quando estou dormindo?
Que bares frequenta
que vozes depara
na festa fantasma
do palco deserto?
Quando fico mudo
e os dedos descansam
aonde vão as notas
do meu violão?

Em alto e bom som
que harmonias vibram
se longe de mim
vão além de mim?
Minha voz e as vozes
do meu violão
livres de seu dono
convivem na pedra
mais alta do sonho
e de lá contemplam:
como sou pequeno
quando assim parado
quando estou calado
quando não sou eu.

De repente acordo
e apanho um acorde
feito fio solto
que no espaço errasse
e me agarro nele
para mais um dia:
o mundo retorna
momentaneamente
às cordas despertas
do velho cantor
à sua garganta
ao seu instrumento.

Que canções não faço
quando estou dormindo?

Blue

Black is the color of my true love's hair.
As paisagens têm paletas espantosas
mas as cores todas são uma cor qualquer.

Black is the color of my true love's hair.
Não vejo graça no rosa que há nas rosas
se os jardins são outros onde ele estiver

e lá toda flor é negra e bem-me-quer.
Pintem o céu em tons de azul — não me importa.
Black is the color of my true love's hair.

Busco à minha roda e não vejo sequer
uma pétala assim tão certa e frondosa.
Black is the color of my true love's hair.

Black is the color of my true love's hair.
O resto é nódoa de natureza-morta.
Black is the color of my true love's hair.

Sonho americano

Quando Jenny entrou na cozinha deu de cara com o urso. Houve tempo de voltar bater a porta e o deixar lá. Bill McKenna elegante e discreto morreu no inverno como se quisesse desaparecer em silêncio. Mas a neve naquele ano cobriu tudo em New Hampshire. Maureen nasceu em Baltimore e decerto gostaria que eu começasse a falar sobre ela assim. Aos seis anos participou de uma peça de teatro na escola e todos disseram que atuara muito bem. No ano seguinte subiu ao palco mais uma vez. A peça — escrita por um coleguinha da mesma idade que ela — se chamava *The Dream*. Jeffrey nasceu em Grapevine no Texas. Seu avô materno era mexicano e influenciado por ele Jeffrey começou a tocar guitarra e cantar e sonhar com o estrelato. Foi preciso mais algum tempo para que o urso ou Jenny acordassem — porque ambos viveram aquilo como se sonhassem. Mas a mulher o urso o cesto de maçãs sobre a mesa o fogão o relógio tudo era real. Só as cortinas pareciam flutuar na luz de outro mundo. Blocos rijos de gelo tomaram cada centímetro. Foi preciso guardar o corpo de Bill até que o inverno acabasse. Durante esse tempo foi como se tivéssemos sonhado que Bill tinha morrido. Maureen — num vestido longo esvoaçante costurado azul por sua mãe — representara o próprio sonho. Nunca mais subiu num palco. Devia ter uns quarenta anos quando a conheci. Ela gostava de contar casos de Baltimore e sempre muito triste começava as frases assim: quando eu era atriz. Jeffrey é vegetariano e gosta muito de animais. Seu sonho é trabalhar com a Farm Sanctuary em uma campanha para pedir às pessoas que não deixem seus cães trancados dentro dos carros.

Canção antiga para Yoko Ono

Século xx
1900
68
no Queen Charlotte's
Hospital — vê
entre lençóis
brancos tão brancos
que ardem nos olhos
tristes tão puros
que as mãos se quebram
se acaso os tocam
também a voz
a voz da mãe
é branca e triste
como se a neve
de sua infância
caísse hoje
sobre seu rosto
era novembro
jardins de pedra
sobre seu nome
lagos de vidro
sobre seu ventre
Londres ou Tóquio
tudo são ilhas

que a neve cobre
com seus cabelos
de fogo frio
a neve antiga
morde sem pena
a pele fina
de cada sílaba
e a voz se lança
vestida apenas
de branco e frio
a mesma roupa
com que a memória
se faz veneno
em comprimidos
formando fios
colares versos
dentro dos vidros
frágeis que tombam
das prateleiras
frases sem nexo
os nomes todos
se despedaçam
e a voz da mãe
vem do passado
é a voz da avó
é a voz da esposa
é de ninguém
é sempre assim
nos corredores
dos hospitais

tigres de gesso
comem o tempo
no entanto existem
portas janelas
jornais dinheiro
imaginemos
por conseguinte
que houvesse o mundo:

— partiu-se ao meio —

restou a dor
com seu esmalte
resplandecente
sobre os escombros
que sobrevivem
mas no silêncio
do pesadelo
é quase um braço
é quase um ramo
de cerejeira
que a voz inventa
e a voz assim
branca é mais dura
em seu açúcar
que o próprio grito
ela não grita
canta em voz baixa
a sua canção
para fazer

dormir o filho
que não nasceu
e essa canção
para seu filho
para o aquecer
de não nascer
essa canção
de seda bruta
canto a capela
sem rouxinol
e sem cigarras
quem sabe sirva
também de berço
onde descansem
os vossos filhos
todos os filhos
que já morreram.

Amigos de Hemingway

Dançarinas pescadores
toda essa gente de Cuba
vagabundos Gary Cooper
prostitutas jornalistas
uns generais de Westminster
duque e duquesa de Windsor
padrecos jóqueis *boxeurs*
toureiros Gertrude Stein
refugiados espanhóis
doidos ex-presidiários
generais soldados rasos
gangsters de Chicago e
claro — Marlene Dietrich.

(Até que a noite desceu
e veio buscá-lo um búfalo.)

Uma volta

Vão levar os seus cordões. É a gangue da correntinha. Vão levar os seus colares. É a gangue da correntinha. Vão levar os seus pudores. É a gangue da correntinha. Vão levar os seus relógios os seus pulsos as suas pílulas. Vão levar as suas medalhas e as suas condecorações. Vão levar tudo que passe por cá na praça da Sé. Vão levar seus telemóveis entulhados de recados. Vão levar os seus critérios e os onze cartões de crédito. Vão levar os cofres-fortes os armários as carteiras. Não adianta nem chamar a polícia militar. Lá se foi a sua pulseira. Lá se foi seu pundonor. Guardem seus velhos temores para outra oportunidade. A fé meta onde quiser. Já era. Já foi. Adeus. É o que é. Isso é São Paulo afirmou o comerciante (não quis se identificar). É a gangue da correntinha. Nós somos a gangue da correntinha.

Muito mais

Altos — mais que o mais alto edifício
espetado na tarde quando acordam.
Vastos — mais que as praias quando os braços
abrem a água dos dias e mais enigmáticos
que a grande pedra. O arpoador
nunca os poderá ferir ou logo os ferirá de morte?
Luminosos — mais que a tarde
alastrando. Mais ferozes que um rifle
porque empunham um poema
e poemas são relâmpagos a postos.
Fundos — mais que a noite
se insones nunca sabem que horas são.
Os apaixonados em meio a tudo
se distinguem de todos.

Graça você

Vestir o seu vestido nas orelhas como se todas as belezas me coubessem. Calçar os seus sapatos na cabeça e descansar os ombros de lembrar. Cobrir com as suas luvas os cabelos e das pequenas mortes retornarmos ao tempo traduzido num sorriso. Amar nos deu bem mais do que pedimos. Mudou-se o tempo e continua cedo. Usar as suas sandálias no pescoço até que os nomes voltem a ser números. Fazer das suas meias os meus brincos e nunca mais ser eu.

O beijo

O beijo não sabia — por isso era *eterno*. O beijo não empregava expressões tristes como *no entanto*. Tudo estava no mundo fazia pouco tempo. O que adiante chamaríamos *beijo* eram bichos farejando. Não existia o que depois nomearemos *espanto*.
Mas logo vieram as escrituras e os escritórios sagrados trazendo *a hora*. O verbo cortou nosso lábio. Vieram as conjunções adversativas enquanto regras de colocação pronominal espalhavam amarguras sobre os campos de trigo. O beijo se viu no espelho e viu que *eterno* era uma frase como todas as outras e era também um verbo desolado sob a luz dolorosa de um lugar onde *eternidade* não é mais que um atributo da taxidermia.

Truque

Já nas primeiras horas de domingo estou velho e grave. Telefono. Você não está ou não quer estar. Ainda ontem a alegria passeava touros esplêndidos em avenidas abertas só para ela e seus espantos. Hoje porém você ganhou arestas súbitas e digo sozinho: *clepsidra*. Você faria perguntas luxuosas sobre isso — *clepsidra?* — mas agora (dias depois) sabe coisas demais e sua voz soa impaciente. Impressão sua — me diz. Finjo que acredito. A conversa continua cavando seu túnel inútil. É quando — num instante exato — percebo que desapareci de você.

Lições de economia

Quem sabe — ele diz — *isso*
e aquilo são duas faces da mesma moeda

e o diz devagar a fim de que o ritmo
sublinhe a inteligência da ponderação.

Quanta imaginação a dele
— pensa ela satisfeita com a própria ironia

para depois dizer — *As duas faces da moeda*
talvez sejam iguais.

Então (sem saber o que pensar e o que dizer)
com a segurança de um inocente

ele tira do bolso uma moeda
sem nenhuma inscrição

nos seus
dois lados.

Os olhos dos dois personagens olham atônitos
o disco vazio na mão que ele estende

trêmulo como um ladrão iniciante.
Ali está a mesma ausência de face

nada
nada

nos dois lados da moeda.
— *Como interpretar isso?*

ela pergunta.
Ao que ele acrescenta:

— *Como compraremos isso e aquilo com isto?*

Desilusão ilusão

Em silêncio pela rua lado a lado seguíamos inteiramente
enganados como se nos empurrasse o medo de um lapso
no momento exato de corrigirmos o nome do mundo.
A rua não era aquela nem a praça e a rosa que te dei
redondamente enganada. O cigarro era um erro tipográfico.
O vento em nossos cabelos carregava folhas (ia dizer falhas)
de outubros já passado e nelas vinham inscritos contos
obscuros. Um disparate portanto mas calados seguíamos
em linha reta. Era de fato uma lástima que não fosse branca
a camisa que vesti pelo avesso como era branco o cigarro que
acendi irritado do lado contrário. Tudo inadequado sobretudo
o sol caindo atrás do edifício que nunca esteve ali e quando
passamos em frente vislumbrei refletidos meus dedos teus
joelhos minha boca dançava à beira do teu ombro na manhã
de quando. Rápido porém o espelho rebentou e fez que eu
vislumbrasse à luz de um raio — na tua mão a rosa que te dei
era um grão de ervilha fria. Um rubi estragado. Um ramo de
equívocos. Ainda assim marchávamos certos do que fazíamos.
Cada qual a caminho da sua incompreensão.

Se mudou

Já não desperta por volta das seis da manhã com o som do liquidificador do andar de cima. Já não acorda com o tumulto das hélices triturando o sono sobre sua cabeça. Já não se pergunta sobre a sede e a fome àquela hora nem sobre o que seria aquilo que se liquefazia na boca barulhenta da máquina. Não há como saber. O Universo quer outros enigmas: virão novas fontes de erro e distúrbio agora que você se mudou para outro apartamento. Fosse tudo isso uma fábula talvez a conclusão era que a digestão centrífuga dos dias — tantas vezes inútil — nos lança para fora daquilo que desejamos compreender e sequer nos alimenta alguma razão para que tudo se perca sem notícia ou justificativa.

Perfil de Murilo Mendes

Altura um metro e oitenta e três sapato
quarenta e um tolera tudo menos
a vulgaridade não fuma nem
fumou é indiferente ao futebol.

Colarinho trinta e nove sua fruta
predileta é banana-prata gosta
de fazer e de receber visitas
é nervoso mas vive sob controle.

Nasceu em Juiz de Fora maio treze
antigamente achava que o mamão
lhe causava resfriados tocou piano
de ouvido quando — de cauda — menino.

Dorme cedo e acorda cedo responde
às cartas com atraso mas responde
em Roma tem saudades de Madri
mas em Madri tem saudades de Roma.

Escreve à mão e bem rapidamente
gosta de boi cavalo e Portinari
dá nomes a gravatas e vitrolas
das nove às dez da noite escuta música.

O seu prato favorito é tutu
à mineira e nas cidades antigas
de Minas passa muitas temporadas
ouvindo Bach como se ouvisse Mozart.

É sócio fundador da Sociedade
dos Três Reis Magos e acha que o Brasil
perdeu o sentido da banana vendo
nisso um dos indícios de sua decadência.

Católico romano relaxado
prefere morrer a treze de agosto
no setenta e cinco do *novecento*
mas só morrerá quando Deus quiser.

Perfil de Jacques Prévert

Olho de siri
boca de peixe morto

mão de batata
nariz de vaca

orelha d'água
barriga de abano

pernas de pau
cara de tesoura

cabeça ao vento
peito de papel.

Hóspede

Ninguém sabe que hotel é o hotel onde estou. Ninguém sabe a rua onde fica nem o país. Desliguei as frases fui embora deixei em branco o nome os documentos a hora. Ninguém sabe onde fica o quarto onde respiro sozinho isento dos radares. Há de ter um nome este hotel como tudo e será decerto um daqueles nomes presunçosos de hotel. Mas qual será? Sua existência é de tal modo transparente que talvez seja um arranha-céu de areia em frente ao mar sobre um rochedo. Ninguém apanha — nem eu — o nome que se me esconde. Booking blogs agências de viagem — ninguém chegará. Todos errarão que hotel era o hotel onde estive feliz até ao fim.

Copan

Sonhei assim: Copan sem mais — vazio
de gentes de desejos e do tempo
com seu destino inteiro retornado

ao corte exato do que foi projeto
aos termos claros de sua matemática
às linhas rigorosas do esqueleto

na trama de tecidos cartilagens
descarnado natural só a carcaça
sem um sonho sequer somente o elástico

de seus trinta e dois andares erguidos
acima do passado como um mastro:
velas e luzes e nenhum destino.

Princípio e fim de seu próprio delírio
cismei o Copan assim: Copan Copan
perfeitamente inútil como um círculo

traçado em aço à roda de si mesmo
(o rosto em onda que nunca se quebra
é o mar e o mar dobrando-se no espelho):

boiava no futuro além das águas
que um dia surgirão da madrugada
nos ombros angulosos de São Paulo

em ondas muito altas muito verdes
a fim de nos dizer onde aportarmos
depois de tanta fome e tanta sede.

Sonhei o Copan assim um reino puro
de areias brancas e palmeiras finas
perdido para sempre de si mesmo.

Eu penso no Copan quando deparo
no verde claro e trágico das águas
os barcos repletos de refugiados.

E lembrarei deste sonho ao tocarmos
(finalmente lá estará ela — a casa)
nas bordas do país que imaginamos.

Estranho

Mais ou menos isto: um rapto. Coincidências nos arrebatam para um lugar que não sabemos onde fica e ignoramos o modo como fomos transportados para lá: lugar desconhecido onde se fala um idioma desconhecido que — por uma maravilha qualquer — nós simplesmente compreendemos. Este país não dura mais que instantes. Tempo suficiente para nos queimarmos nele.

Escarpas

São eles os azulejos da varanda.
São eles verticais e lisos.
São eles que cantam sem palavras.

Quase adormeço em tal serenidade
mas no instante seguinte já não cantam:
gritam súbito como se feridos. Estremeço.

Pausa.

Logo volta o vocalise levíssimo
e se por um triz entorpeço (estou no quarto)
regressam os gritos e a noite prossegue assim

até que exausto de tal divertimento me levanto
vou à varanda e vejo: calados reluzem os azulejos
como se retornados naquele instante

da praia onde nasceram e nítidos me olham
com suas espadas bem alinhadas
de suas escarpas bem alinhadas.

E sem nenhum sentido ali está — a infância.
E não é mais que silêncio. Fecho os olhos
devagar sinto o vento e num impulso

mergulho.

O um

No espelho estou somente eu. Não há segredo
entre o vidro e o aço. Tudo se resume a isto:
o ar estrangula devagar o meu antigo rosto.
Nenhum ruído além de minha sombra.
Estou só neste navio? Ninguém clandestino
me responde. Nenhuma réplica
que se cansasse por mim
até que morrêssemos a mesma morte.
Nenhum duplo me acontece.
São meus o dente o esqueleto o susto.
É minha a mão que ergue a faca no escuro.

Veja só

Adverso e desgostoso digo não redondamente em áspero e bom som. Desconheço. Desminto e nem sequer. Denego nego contradigo viro a página rasgo a página queimo. Longe de mim. Nem assim nem assado nem pensar. Não tenho estômago para. Me inclua fora desse enredo. Cansei. Quizila. Sem chance. Não e não. Em hipótese nenhuma. Nem por pensamento. Não e nões. Fora de questão. Nens e nães. Atravesso inteiro para o outro lado — lá onde a recusa é nunca — e atiro aos cães o que sofri. Tire seu cavalo da chuva. A chuva lava meu rosto.

Aqui vão

Miolos. Mais aquilo que os boleros chamavam *o coração*. Não basta os arrancar e os entregar? Não — é preciso capricho. Aquilo que os artistas chamavam *arte*? Tutano massa víscera — vieram de um corpo e seguirão em outro. Aqui estão. Não basta? Para melhor engolir tudo isso é preciso *algo* — admito — como em certos repastos o *molho*. Mas aqui tanto faz o molho: o importante é que esteja errado no ponto certo.

Dédalo

Tentamos outra vez o velho truque
do fio e resultaram abstratos sem sentido
desenhos a que daremos o nome de paisagem
nunca saímos é o que vos digo não estamos
dentro não existe o fora e os avessos
de emergência e os subterfúgios de incêndio
são isto: viramos a página e é o mesmo livro
escapamos de um capítulo e caímos em outro
é compacto o labirinto (como a metáfora)
não há chegada partida desembarque fuga
aqui é toda a viagem mas insistimos
levantamos acampamento levantamos âncora
tocamos à leva inventamos voos
e permanecemos sob a mesma teia o xadrez
avança nunca mais termina o eixo baralha
a malha é imensa não vemos os muros
passaportes pátrias tudo isso é ridículo
mapas de fuga mirantes para a liberdade nada
tem pena de nós e o círculo segue em círculos
é o que vos digo — desfazei as malas
fazei uma casa.

Gesto

Abro as mãos. Nem prudência nem covardia. Livres do medo já não se guardam defendidas do golpe súbito. Não procuram o fogo onde apanharam somente ingratidão. Não esperam um ladrão que as seduzisse quando tornadas calcárias e frias. Deixo que tudo vá ao chão. É belo ou nem é belo que tudo se parta. Pense na água que se quebra para sempre quando derrama de um copo. Abro bem as mãos para que nada. Trabalho espelhos vícios se despregam das palmas: mãos que já não saberiam pedir ou chamar ou trair. Cuido para que tudo se descole. Não fique um fio nem o pó. Os dedos se agitam distraídos — já não são meus. Pense nos dias que afundam nos calendários na roupa de ontem que se larga no cesto e arrasta com ela a pele das catástrofes. As mãos que vês aqui são o que são: desprendidas de sonhar qualquer destino funcionam agora cegas e selvagens à beira do início.

A catedral submersa

....
os sinos afundaram como pedras
os cânticos e os salmos se perderam
entre cardumes mudos lentamente
os anjos e os demônios se afogaram
o sangue da paixão se desfez n'água
a taça dos milagres transbordou
de vinhos transparentes e salgados.

As lágrimas ali de nada servem
pois se perdem no tanque sem tamanho
onde a grandiloquência dos vitrais
se quebrou nuns vidrilhos coloridos
e os peixes mais parecem bispos lépidos
que dançam missas feitas só de luz
entre nuvens lavadas de brancura
na abóbada fantástica de azuis.

Moreias são noturnas e agressivas
porém não trazem leis e nem castigo
aos crentes reduzidos a esqueletos
que os polvos e as arraias ignoram
entre colunas longas de silêncio
paradas espantadas para sempre
se a paz não era o céu que nos disseram
mas estas águas fundas e geladas.

Recifes de corais se acomodaram
nas barbas dos profetas e no entanto
a Virgem quando veio dar ao fundo
se partiu — sem cabeça é mais bonita.
Seu manto é todo verde cintilante
e verdes são seus braços e seu filho:
um jovem cravejado de corais
....

Exatidão

Sei que é maio porque de dentro de uma canção
triste que alegra tudo por onde passa

cantada em voz limpa alta

é minha mãe que vem
e traz na mão um ramo azul de salsa.

Do autor

POESIA

Livro primeiro. Rio de Janeiro: Edição do autor, 1990.
Martelo. Rio de Janeiro: Sette Letras, 1997.
Desassombro. Vila Nova de Famalicão, Portugal: Quasi, 2001; Rio de Janeiro: 7Letras, 2002. Prêmio Alphonsus de Guimaraens, da Fundação Biblioteca Nacional.
Rua do mundo. São Paulo: Companhia das Letras, 2004.
Cinemateca. São Paulo: Companhia das Letras, 2008. Prêmio Jabuti.
Sentimental. São Paulo: Companhia das Letras, 2012. Prêmio Portugal Telecom de Poesia.
Escuta. São Paulo: Companhia das Letras, 2015.
Trenitalia. Rio de Janeiro: Megamini, 2016.
Poesia (1990-2016). Lisboa: Imprensa Nacional-Casa da Moeda, 2016.
Eucanaã Ferraz (Antologia). Rio de Janeiro: Azougue; Cozinha Experimental, 2017. Coleção Postal.
Retratos com erro. São Paulo: Companhia das Letras, 2019. Lisboa: Tinta da China, 2019. Prêmio Oeiras de Poesia, Portugal.
Janelas (plaquete com gravura de Raul Mourão; tiragem de 195 ex. assinados pelo autor e pelo artista. Belo Horizonte: Tipografia do Zé, 2022. Coleção Lição de Coisas.

INFANTOJUVENIL

Poemas da Iara. Ilustrações de Andrés Sandoval. Rio de Janeiro: Língua Geral, 2008.
Bicho de sete cabeças e outros seres fantásticos. Ilustrações de André da Loba. São Paulo: Companhia das Letrinhas, 2009.
Palhaço, macaco, passarinho. Ilustrações de Jaguar. São Paulo: Companhia das Letrinhas, 2010. Prêmio Ofélia Fontes, pela Fundação Nacional do Livro Infantil e Juvenil, O Melhor Livro para Criança.
Água sim. Ilustrações de Andrés Sandoval. São Paulo: Companhia das Letrinhas, 2011.
Em cima daquela serra. Ilustrações de Yara Kono. São Paulo: Companhia das Letrinhas, 2013.
Cada coisa. São Paulo: Companhia das Letrinhas, 2016. Prêmios de Melhor Livro de Poesia e Melhor Projeto Editorial, pela Fundação Nacional do Livro Infantil e Juvenil.

ENSAIO

Vinicius de Moraes. São Paulo: Publifolha, 2006. Coleção Folha Explica.

ORGANIZAÇÃO

Caetano Veloso, *Letra só*. Vila Nova de Famalicão, Portugal: Quasi, 2001; São Paulo: Companhia das Letras, 2003.
Vinicius de Moraes, *Cinema*. Lisboa: O Independente, 2004.

Poesia completa e prosa de Vinicius de Moraes. Rio de Janeiro: Nova Aguilar, 2004.

Caetano Veloso, *O mundo não é chato*. São Paulo: Companhia das Letras, 2005.

Vários autores, *Veneno antimonotonia*. Rio de Janeiro: Objetiva, 2005.

Vinicius de Moraes, *Poemas esparsos*. São Paulo: Companhia das Letras, 2008.

Vinicius de Moraes, *Vinicius menino*. Ilustrações de Marcelo Cipis. São Paulo: Companhia das Letrinhas, 2009.

Carlos Drummond de Andrade, *Alguma poesia: O livro em seu tempo*. São Paulo: Instituto Moreira Salles, 2010.

Carlos Drummond de Andrade, *Uma pedra no meio do caminho: Biografia de um poema*. Ed. ampl. São Paulo: Instituto Moreira Salles, 2010.

Vários autores, *A lua no cinema*. Ilustrações de Fabio Zimbres. São Paulo: Companhia das Letras, 2011.

Fayga Ostrower: Ilustradora. São Paulo: Instituto Moreira Salles, 2011.

Carlos Drummond de Andrade, *Versos de circunstância*. São Paulo: Instituto Moreira Salles, 2011.

Vinicius de Moraes, *Jazz & Co*. São Paulo: Companhia das Letras, 2013.

Marlene de Castro Correia, *Drummond: Jogo e confissão*. São Paulo: Instituto Moreira Salles, 2015.

Inconfissões: Fotobiografia de Ana Cristina Cesar. São Paulo: Instituto Moreira Salles, 2016.

Adriana Calcanhotto, *Pra que é que serve uma canção como essa?* Rio de Janeiro: Bazar do Tempo, 2016.

Chichico Alkmim: Fotógrafo. São Paulo: Instituto Moreira Salles, 2017.

Vinicius de Moraes, *Todo amor*. São Paulo: Companhia das Letras, 2017.

Sophia de Mello Breyner Andresen, *Coral e outros poemas*. São Paulo: Companhia das Letras, 2018.

Caetano Veloso, *Letras*. São Paulo: Companhia das Letras, 2022.

Dicionário Drummond (org. com Bruno Cosentino). São Paulo: Instituto Moreira Salles, 2022.

Ruína: Literatura e pensamento (org. com Martha Alkimin). Rio de Janeiro: Papéis selvagens, 2022.

DVD

Consideração do poema. Concepção, seleção de poemas e direção, com Gustavo Rosa de Moura e Flávio Moura. São Paulo: Instituto Moreira Salles, 2012.

Vida e verso de Carlos Drummond de Andrade: Uma leitura. Direção e roteiro. São Paulo: Instituto Moreira Salles, 2014.

ESTA OBRA FOI COMPOSTA EM MERIDIEN POR
ACOMTE E IMPRESSA EM OFSETE PELA GRÁFICA PAYM
SOBRE PAPEL PÓLEN BOLD DA SUZANO S.A.
PARA A EDITORA SCHWARCZ EM AGOSTO DE 2023

A marca FSC® é a garantia de que a madeira utilizada na fabricação do papel deste livro provém de florestas que foram gerenciadas de maneira ambientalmente correta, socialmente justa e economicamente viável, além de outras fontes de origem controlada.